Sueños Viajeros: Migrar, Volver y Encontrar un Hogar en Dos Mundos

Sueños Viajeros: Migrar, Volver y Encontrar un Hogar en Dos Mundos

Prólogo: "Sueños Viajeros"

En el tejido de nuestras vidas, cada individuo es un viajero, un buscador incansable de hogar y significado. En las páginas que siguen, nos sumergiremos en la odisea de aquellos cuyos corazones laten con el pulso de la migración, aquellos que han desafiado fronteras y océanos en busca de un lugar donde sus sueños puedan echar raíces.

"Sueños Viajeros" no es solo un relato, es un eco de millones de historias que resuenan a través de los tiempos, una sinfonía de esperanzas, desafíos y triunfos que entrelaza destinos individuales en el tapiz de la experiencia humana.

Desde las estadísticas frías hasta las emociones ardientes, este libro se sumerge en las aguas profundas de la migración internacional. Descubriremos historias de éxito que brillan como estrellas en la oscuridad, pero también enfrentaremos las sombras, donde muchos quedan perdidos, olvidados y desposeídos de su humanidad.

A través de la lente de Walter y Alexia, dos almas errantes que tejerán sus historias en el lector, exploraremos la alegría de los éxitos, la angustia de las pérdidas y la complejidad de encontrar un hogar en dos mundos. Seremos testigos de su crecimiento, de sus lágrimas y risas, y de cómo el viaje mismo se convierte en la esencia de sus vidas.

Cada palabra de estas páginas es un llamado a la compasión, a la reflexión y a la acción. Nos adentraremos en los rincones oscuros y luminosos de la migración, desafiando percepciones y llamando a la empatía. Más allá de las cifras y datos, "Sueños Viajeros" busca pintar un cuadro vívido de la realidad, recordándonos que cada individuo que cruza fronteras es más que una estadística: es un ser humano con sueños, temores y una historia única.

Al cerrar este prólogo, te invito a sumergirte en estas páginas con mente abierta y corazón compasivo. Que cada palabra te acerque a la comprensión de las complejidades de la migración y te inspire a ser un agente de cambio en un mundo que a menudo olvida la humanidad detrás de las historias migratorias.

"Sueños Viajeros" no es solo un libro; es un recordatorio de que, en el tejido diverso de nuestra existencia global, todos somos viajeros en busca de un hogar.

Sueños Viajeros

Migrar, Volver y Encontrar un Hogar en Dos Mundos

Sueños Viajeros: Migrar, Volver y Encontrar un Hogar en Dos Mundos

Douglas Daniel Agreda

1. Capítulo 1: "Partida y Esperanza"
    - En este capítulo, inicia la historia de los migrantes en sus lugares de origen, destacando las razones para su partida y los sueños que los impulsan a buscar una vida mejor en otro lugar.
2. Capítulo 2: "La Odisea del Viaje"
    - El protagonista, explora las experiencias que como migrante vive durante su viaje, destacando los desafíos, peligros y momentos de superación en el camino.
3. Capítulo 3: "Un Mundo Nuevo"
    - Este capítulo se centra en la llegada a un nuevo país o lugar de destino, donde el protagonista se enfrenta a la adaptación cultural, el aprendizaje de un nuevo idioma y la búsqueda de trabajo.
4. Capítulo 4: "El Efecto Salmón"
    - Aborda la idea del "efecto salmón" en la migración, destacando cómo los migrantes a menudo nadan contra la corriente, enfrentando obstáculos y desafíos en su búsqueda de una vida mejor.
5. Capítulo 5: "Migrar en Familia"
    - Explora cómo la migración afecta a las familias, desde las separaciones hasta las reuniones y cómo los migrantes construyen nuevas vidas y relaciones en su lugar de destino.

6. Capítulo 6: "Reencuentro y Regreso"
    o Este capítulo narra las historias de migrantes que, después de años o décadas en el extranjero, toman la decisión de regresar a su lugar de origen, enfrentando nuevas transformaciones y desafíos.
7. Capítulo 7: "Sueños Cumplidos"
    o Concluye tu libro resaltando las historias de migrantes que han encontrado un hogar en dos mundos, logrando sus sueños y contribuyendo tanto a su lugar de origen como a su destino, y cómo su experiencia puede inspirar a otros.

Foto de portada por Daniela Esther Agreda. Amanecer en Montagne verte, región Laurentides, provincia de Quebec, en Canada.

Capítulo 1

Partida y Esperanza

Walter tenía tan solo 16 años cuando tomó la decisión que cambiaría su vida y la de su familia para siempre. Había crecido en un pequeño pueblo en las montañas de América Latina, donde los días pasaban lentamente y las oportunidades eran escasas. El anhelo de un futuro mejor lo consumía, y sus sueños de una vida más próspera lo impulsaban a tomar una determinación audaz.

El sol brillaba sobre las calles de tierra mientras Walter se despedía de su familia en la modesta casa de adobe que habían llamado hogar durante generaciones. Sus padres, con lágrimas en los ojos, lo abrazaron con fuerza antes de que se dirigiera al sendero que lo llevaría lejos de su amado pueblo. Era un viaje que había visto a otros emprender, y ahora era su turno de nadar contra la corriente, como el salmón luchando contra la corriente para llegar a su destino.

El viaje de Walter había comenzado con una partida llena de esperanza. Esperaba encontrar oportunidades que no estaban disponibles en su tierra natal, un lugar donde las montañas eran hermosas, pero a veces despiadadas, y donde el futuro parecía tan inalcanzable como las estrellas en el cielo nocturno. A pesar de la incertidumbre que le esperaba, su determinación lo mantenía en movimiento.

El primer tramo del viaje lo llevó a la ciudad más cercana, donde se unió a un grupo de migrantes con sueños similares. Juntos, enfrentaron las dificultades del camino, sorteando obstáculos y desafiando la incertidumbre. Walter tenía la mirada fija en el horizonte, donde un mundo nuevo se extendía ante él.
Mientras avanzaban, las noches en el camino eran iluminadas por las historias compartidas alrededor de las fogatas improvisadas. Historias de otros migrantes, algunos con éxito y otros con desafíos insondables, nutrían la chispa de determinación en el corazón de Walter. Sabía que no estaba solo en su búsqueda de una vida mejor.

Cada paso que daba lo acercaba a lo desconocido, pero Walter estaba decidido a convertir sus sueños en realidad. A pesar de las dificultades y las lágrimas que dejaba atrás, sabía que su partida era un acto de esperanza. La esperanza de encontrar un hogar en dos mundos, de forjar un camino que le permitiría regresar a su tierra natal con la cabeza en alto y la capacidad de cambiar el destino de su familia.

Walter, con sus 16 años y una determinación inquebrantable, era el epítome del espíritu migratorio, un joven salmón que nadaba valientemente contra la corriente, dispuesto a desafiar el destino y encontrar su lugar en el mundo.

Sueños Viajeros: Migrar, Volver y Encontrar un Hogar en Dos Mundos

Con el paso de los días, el grupo de migrantes avanzaba por caminos desgastados y senderos polvorientos, cruzando fronteras invisibles en busca de una vida que les prometiera lo que su tierra natal no podía. Las experiencias que compartían durante el viaje se convertían en lazos que los unían de una manera especial, como si fueran parte de una gran familia migrante.

Walter se esforzaba por aprender de todos los que lo rodeaban. Algunos tenían historias de éxito, habían encontrado trabajos estables y habían construido una nueva vida para sus familias. Otros habían enfrentado desafíos inmensos, desde barreras lingüísticas hasta la hostilidad de quienes veían a los migrantes como intrusos. Sin embargo, todos compartían la misma pasión por buscar un mejor futuro, y Walter se sentía motivado por sus historias, tanto las de triunfo como las de dificultades superadas.

Con cada amanecer, el paisaje cambiaba, y la sensación de lo desconocido llenaba el aire. La nostalgia de su hogar y su familia lo embargaba en momentos de soledad, pero no dejaba que esa tristeza lo detuviera. Walter sabía que, para encontrar su lugar en el mundo, debía continuar avanzando.

El capítulo de la partida de Walter simbolizaba el comienzo de un viaje lleno de obstáculos, pero también de esperanza. Era una historia que resonaba en el corazón de miles de migrantes en todo el mundo, aquellos que se aventuran en lo desconocido con la esperanza de construir una vida mejor para sí mismos y para sus seres queridos.

El espíritu de lucha de Walter, su juventud y su determinación, eran el reflejo de la fuerza interior que impulsaba a tantos a enfrentar el camino incierto de la migración.

Este viaje de partida y esperanza, como el de un joven salmón lanzándose valientemente contra la corriente, apenas comenzaba para Walter y para todos aquellos que compartían su sueño. El futuro era incierto, pero la esperanza era la fuerza que los empujaba a avanzar, a pesar de las dificultades, hacia el sueño que los esperaba al final del camino.
Mientras Walter avanzaba en su travesía, no pasó mucho tiempo antes de que entablara una amistad especial con otro joven migrante llamado Alex. Alex, de la misma edad que Walter, compartía la misma determinación y esperanza en sus ojos. Había crecido en una aldea cercana a la de Walter y, al igual que él, había decidido dejar atrás las limitaciones de su tierra natal para buscar una vida mejor.

La amistad entre Walter y Alex fue una chispa que encendió un fuego de camaradería a lo largo del viaje. Compartían risas y desafíos, y se apoyaban mutuamente en los momentos más difíciles del trayecto. Walter se sentía afortunado de haber encontrado a un compañero como Alex en medio de lo desconocido.

Juntos, forjaron un lazo especial que simbolizaba la solidaridad que a menudo se encontraba entre los migrantes que compartían el mismo sueño. Compartieron historias de sus familias, de las razones que los habían llevado a tomar esta audaz decisión y de los sueños que los impulsaban a seguir adelante, nadando contra la corriente de la vida.

En las noches bajo el cielo estrellado, Walter y Alex reflexionaban sobre las historias que habían escuchado de otros migrantes. Había quienes habían encontrado trabajos en fábricas, algunos se habían convertido en dueños de pequeños negocios y otros habían logrado graduarse en universidades en tierras lejanas. Cada una de esas historias alimentaba la esperanza en sus corazones y reforzaba su determinación de alcanzar el éxito.

Walter y Alex, como dos salmones jóvenes, nadaban contra la corriente del viaje migratorio juntos, con la confianza de que el trabajo en equipo y la amistad los llevarían más allá de los obstáculos que se les presentaran. Su historia representaba una unidad en medio de la adversidad y un recordatorio de que, en el viaje de la migración, no estaban solos.

"Sueños Viajeros" el inicio de una historia que captura el espíritu de la migración, la lucha y la esperanza de un joven decidido a cambiar su destino y encontrar un hogar en dos mundos. La aventura apenas comenzaba, y los desafíos y triunfos que esperaban en el horizonte eran una promesa de lo que vendría a lo largo de este viaje migratorio.

El capítulo de partida y esperanza de Walter y Alex, como dos amigos con sueños compartidos, prometía una narrativa rica en experiencias, desafíos y triunfos compartidos. A medida que avanzaban, sus lazos se fortalecían y su determinación crecía, impulsándolos hacia el horizonte lleno de oportunidades y desafíos que les aguardaba. Era el inicio de un viaje migratorio que resonaría en el corazón de miles de lectores en todo el mundo.

Capitulo 2

La Odisea del Viaje

Walter y Alex avanzaban en su viaje, enfrentando un mundo desconocido que se abría ante ellos. Cada día en el camino era una odisea de descubrimiento y desafío, una lucha constante en su viaje de migración.

A medida que avanzaban, las carreteras se volvían más ásperas, los caminos se hacían más difíciles de seguir y las inclemencias del tiempo a menudo se convertían en su peor enemigo. Pero Walter y Alex eran jóvenes y resistentes, y su espíritu de determinación no flaqueaba. Juntos, se apoyaban mutuamente, compartiendo el peso de sus mochilas y las esperanzas de un futuro mejor.

El camino estaba lleno de obstáculos, desde atravesar ríos caudalosos hasta superar altas montañas, y las noches en vela bajo el cielo estrellado se convirtieron en una constante. Pero a pesar de las dificultades, el viaje estaba teñido de momentos de belleza. Walter y Alex admiraban los paisajes que se abrían ante ellos, desde vastos campos de cultivo hasta selvas exuberantes y playas doradas. El mundo se les revelaba en toda su diversidad.

Sueños Viajeros: Migrar, Volver y Encontrar un Hogar en Dos Mundos

La odisea del viaje también los llevó a encontrarse con otros migrantes, cada uno con su propia historia y razón para migrar. Escucharon historias de personas que habían dejado atrás a sus seres queridos, ansiosos por reunirse nuevamente en un lugar mejor. Otros compartieron sus luchas para encontrar trabajo y asegurar un techo sobre sus cabezas en un lugar ajeno. Cada historia era un testimonio de la resistencia y la esperanza humanas.

El idioma se convirtió en un desafío, ya que Walter y Alex debían aprender nuevas palabras y expresiones para comunicarse con quienes conocieron en su camino. Se dieron cuenta de que la comunicación no solo se basaba en las palabras, sino en gestos, sonrisas y la voluntad de entender y ser comprendidos.

Las noches alrededor del fuego eran momentos de reflexión y gratitud. Walter y Alex compartían sus sueños y planeaban el futuro. Visualizaban el día en que podrían encontrar un lugar en el mundo que llamarían su hogar y estarían rodeados de seres queridos. A pesar de los obstáculos, su determinación seguía intacta.

La odisea del viaje, con todas sus dificultades y desafíos, no hacía más que reforzar la amistad entre Walter y Alex. Juntos, nadaban contra la corriente del viaje migratorio, recordando que no estaban solos en su búsqueda de una vida mejor. Cada día que avanzaban los acercaba un paso más a su sueño, y aunque el camino seguía siendo incierto, su determinación era inquebrantable.

A medida que Walter y Alex avanzaban en su odisea del viaje, también se encontraban con desafíos inesperados. En una ocasión, se vieron atrapados en una tormenta feroz en mitad de la noche, con el viento aullando y la lluvia azotándolos sin piedad. Buscaron refugio en una choza abandonada, donde compartieron el espacio con otros migrantes que también buscaban protegerse de la tormenta. A pesar de la incomodidad y la incertidumbre, esa noche fortaleció su resolución de continuar.

En otro tramo del viaje, se encontraron con una comunidad local que les brindó refugio y comida caliente. Fue un recordatorio de que, en medio de las dificultades, la humanidad siempre encontraba una manera de prevalecer.
La generosidad de los desconocidos que los ayudaron dejó una huella profunda en Walter y Alex, reforzando su creencia en la bondad que podían encontrar en su camino.
La diversidad cultural que experimentaron en su viaje también fue un elemento enriquecedor.

Conocieron a personas de diferentes orígenes, escucharon sus historias y probaron platos exóticos que les resultaban completamente desconocidos. Se dieron cuenta de que el mundo era un lugar asombrosamente diverso y que cada persona que conocían les enseñaba algo nuevo sobre él.
Pero no todo en el viaje era belleza y amistad.

En su travesía, Walter y Alex también tuvieron que enfrentarse a momentos de incertidumbre y miedo. Fueron detenidos en un control migratorio y temieron ser separados. Fue un recordatorio de que la odisea del viaje no estaba exenta de peligros y obstáculos burocráticos que a menudo dificultaban su avance.

A medida que el capítulo de la odisea del viaje avanzaba, Walter y Alex continuaron nadando contra la corriente, enfrentando desafíos y celebrando triunfos a lo largo del camino. Su amistad se fortalecía con cada experiencia compartida, y su determinación crecía en proporción a los obstáculos que superaban.

La odisea del viaje era una metáfora de la vida misma, llena de altibajos, pero también de momentos de belleza y gratitud. Walter y Alex, como dos jóvenes salmones que nadaban valientemente contra la corriente, se aferraban a la esperanza de que, al final de su viaje, encontrarían el hogar que tanto anhelaban en dos mundos distintos.

A medida que Walter y Alex continuaban avanzando en su odisea del viaje, llegó un momento en el que se enfrentaron a una encrucijada. Walter sabía que su destino aún estaba lejos, que tenía un camino largo por recorrer antes de alcanzar el lugar que anhelaba. Sin embargo, Alex había encontrado algo especial en un pequeño pueblo en el que se habían detenido, un lugar que parecía ofrecerle la oportunidad de construir una vida que le hacía sentirse completo.

La decisión de separarse fue difícil, y sus corazones se oprimieron ante la perspectiva de dejar atrás una amistad que se había convertido en un pilar de apoyo durante su viaje. Walter y Alex pasaron horas reflexionando sobre sus opciones, sopesando los sueños que perseguían y las oportunidades que tenían por delante.

Finalmente, Walter tomó la decisión de continuar su viaje en solitario, sabiendo que su destino lo llamaba y que aún tenía un largo camino por recorrer. Se despidieron con abrazos cargados de emoción y palabras de aliento, prometiendo mantenerse en contacto y recordando las innumerables experiencias compartidas a lo largo de su travesía.

Mientras Walter continuaba su viaje en solitario, Alex se quedó en el pueblo, con la esperanza de encontrar su felicidad en aquel rincón del mundo. Aunque sus caminos se habían separado, la amistad que habían forjado en su odisea del viaje perduraría en sus corazones, recordándoles que siempre habían sido más fuertes juntos.

El capítulo de la odisea del viaje llegaba a su punto de inflexión, con Walter siguiendo su camino y Alex deteniéndose para explorar las oportunidades que el destino le tenía reservadas en ese pueblo. Cada uno de ellos nadaba contra su propia corriente, enfrentando un futuro incierto, pero con la determinación de hacer realidad sus sueños.

Era un recordatorio de que la migración era un viaje personal y que, a lo largo del camino, los migrantes tomaban decisiones que afectaban su destino. En el caso de Walter y Alex, su amistad inquebrantable seguía siendo un faro de esperanza en medio de las incertidumbres de la odisea del viaje.

Sueños Viajeros: Migrar, Volver y Encontrar un Hogar en Dos Mundos

El Capítulo 2 de "Sueños Viajeros" era una narración de la perseverancia y la amistad en medio de las dificultades del viaje migratorio, una odisea que reflejaba la determinación de Walter y Alex en su búsqueda de una vida mejor. A medida que avanzaban, el camino continuaba desafiante, pero su determinación seguía inquebrantable, impulsándolos hacia el horizonte donde sus sueños aguardaban. La historia de Walter y Alex continuaba, cada uno nadando en su propia corriente, hacia destinos desconocidos pero cargados de sueños y esperanzas.

Capítulo 3

Un Mundo Nuevo

Walter, con un año más de experiencia y sabiduría acumulada en su odisea de migración, continuó su viaje en solitario. A medida que avanzaba, el mundo se le presentaba con una riqueza de matices y oportunidades que no habría imaginado en su pequeño pueblo de montaña. Había dejado atrás las colinas y las llanuras conocidas y se había adentrado en un mundo completamente nuevo.

La ciudad a la que llegó se extendía ante él como un laberinto de edificios altos y calles llenas de gente que se movía a un ritmo acelerado. El bullicio y el ajetreo de la vida urbana eran abrumadores, pero también emocionantes. Walter sintió una mezcla de nerviosismo y asombro mientras se sumergía en la diversidad y la energía de la ciudad.

La primera barrera que enfrentó fue el idioma. El español de su tierra natal era su lengua materna, pero la variante local del español en la ciudad tenía sus propias particularidades y acentos que le resultaban desconocidos. Con determinación, Walter se matriculó en clases de idiomas y pasaba horas estudiando y practicando, decidido a superar este obstáculo.

El siguiente desafío fue encontrar trabajo. A pesar de su juventud, Walter estaba dispuesto a esforzarse y aprender cualquier oficio que le permitiera mantenerse a sí mismo y avanzar en su viaje. Después de numerosas entrevistas y aplicaciones, finalmente encontró un empleo en un pequeño taller de reparación de bicicletas. Aunque el trabajo era duro y los días eran largos, Walter estaba agradecido por la oportunidad de aprender un oficio y ganar su sustento de manera honesta.

El mundo nuevo también le ofreció la posibilidad de hacer nuevas amistades. En su lugar de trabajo, conoció a compañeros de diferentes países y culturas, cada uno con su propia historia de migración. Compartieron comidas, historias y risas, y Walter descubrió que la amistad podía trascender las barreras lingüísticas y culturales.

A medida que los días se convirtieron en semanas y las semanas en meses, Walter comenzó a sentir que estaba construyendo una vida en este mundo nuevo. Había superado desafíos, aprendido nuevas habilidades y hecho amigos. Sin embargo, no podía evitar sentir nostalgia por su hogar y su familia en las montañas de su tierra natal.

Walter se adaptó gradualmente a su nueva vida en la ciudad, pero las noches a menudo lo encontraban contemplando las estrellas desde su pequeño apartamento. Recordaba su hogar en las montañas, las noches tranquilas y los días en los que había sentido la libertad de correr por los campos y nadar en los ríos cristalinos. A pesar de las comodidades de la ciudad y las amistades que había hecho, la nostalgia seguía siendo su compañera constante.

Sin embargo, Walter seguía adelante con determinación. La ciudad le ofrecía oportunidades para crecer y aprender, y no quería desperdiciarlas. Cada día, después del trabajo, se sumergía en su estudio del idioma local, mejorando su habilidad de comunicación con cada lección. A medida que dominaba el idioma, se sintió más conectado con la comunidad que lo rodeaba.

Su trabajo en el taller de bicicletas también se convirtió en una fuente de satisfacción. A medida que adquiría experiencia, comenzó a enseñar a otros migrantes jóvenes cómo reparar bicicletas. Este acto de compartir conocimiento lo llenaba de gratificación y le recordaba su deseo de ayudar a los demás a avanzar en sus propios viajes de migración.

A lo largo de su tiempo en la ciudad, Walter también se encontró con una organización sin fines de lucro que ofrecía clases de educación para adultos. Decidió inscribirse en estas clases para seguir desarrollándose y adquirir nuevas habilidades. A medida que avanzaba en sus estudios, se dio cuenta de que su amor por la educación podría abrirle nuevas puertas en el futuro.

A pesar de las adversidades, Walter estaba decidido a aprovechar al máximo su nueva vida en la ciudad. Sus sueños seguían ardiendo en su interior, y cada desafío que enfrentaba lo impulsaba a esforzarse aún más. Su amistad con Alex, a pesar de la distancia, seguía siendo una fuente de fortaleza y motivación.

Mientras Walter continuaba su vida en la ciudad, un giro inesperado se avecinaba en su historia. Un día, mientras estaba en su trabajo en el taller de bicicletas, una figura familiar apareció en la puerta. Walter parpadeó sorprendido, pensando que estaba imaginando cosas, pero no lo estaba. Era Alex, o más precisamente, Alexia.

Durante el viaje en el que se habían separado, Alex había enfrentado desafíos propios. Para protegerse y pasar desapercibida, había decidido vestirse como un hombre. Con el tiempo, se había dado cuenta de que se sentía más cómoda en esta apariencia y había decidido abrazar su verdadera identidad como mujer, Alexia.

Alexia había seguido su propio camino, encontrando su lugar en el pequeño pueblo en el que se había quedado. Allí, había forjado relaciones significativas y se había sentido aceptada por la comunidad local. Sin embargo, el deseo de reencontrarse con su querido amigo Walter, a quien consideraba como un hermano, la había llevado a tomar la decisión de viajar a la ciudad.

Walter se sintió abrumado por la emoción de ver a su amiga y se apresuró a abrazar a Alexia. La revelación de su verdadera identidad no cambió en absoluto la amistad que compartían. Estaban unidos por lazos más fuertes que cualquier apariencia externa.

La llegada de Alexia a la ciudad marcó un nuevo comienzo en la vida de ambos. Walter la ayudó a encontrar un lugar donde quedarse y la presentó a sus amigos en la ciudad. A medida que pasaban tiempo juntos, compartieron sus experiencias y reflexionaron sobre sus viajes desde que se habían separado. Walter admiró la valentía y determinación de Alexia al abrazar su verdadera identidad, y Alexia se sintió inspirada por la determinación y la resiliencia de Walter en su vida en la ciudad.

Juntos, Walter y Alexia enfrentaron los desafíos de la ciudad y exploraron las oportunidades que les ofrecía. La amistad que habían construido durante su odisea de migración seguía siendo un ancla en sus vidas, y su reencuentro era un recordatorio de que la amistad verdadera trascendía las apariencias y las circunstancias.

El capítulo de "Un Mundo Nuevo" simbolizaba la transición de Walter hacia una vida completamente diferente de la que había conocido. La ciudad le ofrecía oportunidades, pero también desafíos, y Walter estaba decidido a aprovechar al máximo esta nueva etapa de su viaje.

Walter, con 17 años de edad, nadaba contra la corriente de la vida en un mundo desconocido, con la esperanza de encontrar su lugar y seguir construyendo su camino en la odisea de la migración. Su historia era un testimonio de resiliencia y determinación, un recordatorio de que, aunque el mundo era nuevo y desafiante, sus sueños seguían guiando su camino.

"Un Mundo Nuevo" tomaba un giro inesperado con la llegada de Alexia a la ciudad de Walter, lo que marcaba un nuevo capítulo en sus vidas y su amistad. Aunque habían nadado contra la corriente por caminos separados, sus caminos se habían cruzado una vez más, fortaleciendo su determinación de encontrar su lugar en el mundo y construir un hogar en dos mundos.

Capítulo 4

Sabores Compartidos

Con la llegada de Alexia a la ciudad, Walter y ella decidieron dar un nuevo rumbo a sus vidas. Después de considerar varias opciones, encontraron una oportunidad que despertó su interés y que cambiaría por completo el curso de sus trayectorias: una escuela de cocina.

Ambos compartían una pasión por la comida y la cultura culinaria. La idea de sumergirse en el mundo de la gastronomía les emocionaba y les ofrecía la posibilidad de explorar sus talentos de una manera completamente nueva. Decidieron dejar atrás el taller de bicicletas y embarcarse juntos en esta nueva aventura gastronómica.

La escuela de cocina los sumergió en un ambiente lleno de aromas deliciosos, ingredientes frescos y la oportunidad de aprender técnicas culinarias de todo el mundo. Walter y Alexia se sumergieron en clases, demostraciones y prácticas, absorbiendo conocimientos que iban más allá de la simple preparación de platos. La cocina se convirtió en un lenguaje a través del cual expresaban su creatividad y compartían sus historias.

Walter descubrió un talento innato para combinar sabores y crear platos innovadores. Su habilidad para entender las técnicas culinarias se desarrolló rápidamente, y su entusiasmo por aprender era evidente en cada tarea que emprendía en la cocina. Alexia, por su parte, mostró una destreza excepcional en la presentación de los platos y un entendimiento intuitivo de las combinaciones de sabores.

A medida que avanzaban en su formación culinaria, también se sumergieron en la diversidad de la ciudad. Exploraron mercados locales, probando ingredientes nuevos y aprendiendo sobre las tradiciones culinarias de diferentes culturas que coexistían en ese vibrante lugar. La cocina se convirtió en un puente que conectaba no solo sus experiencias personales, sino también las historias de quienes compartían sus mesas.

La escuela de cocina no solo les ofrecía la oportunidad de explorar su creatividad, sino también de conectarse con la comunidad de la ciudad. Walter y Alexia participaron en eventos culinarios locales, compartiendo sus creaciones con vecinos y compañeros de la escuela. La cocina se convirtió en un medio a través del cual podían no solo expresarse, sino también conectar con las personas a su alrededor.

A medida que Walter y Alexia avanzaban en su formación culinaria, también descubrían la riqueza de la diversidad gastronómica de la ciudad. Cada plato que preparaban contaba una historia, una fusión de tradiciones y sabores que reflejaban la complejidad y la belleza de la comunidad que los rodeaba.

Su talento no pasó desapercibido en la escuela de cocina. Pronto, recibieron la oportunidad de participar en eventos culinarios más grandes y colaborar con chefs experimentados. Aunque la presión aumentaba, Walter y Alexia enfrentaron los desafíos con valentía y determinación, recordando que la cocina era más que una habilidad técnica; era una forma de expresión que permitía compartir su amor por la comida y la cultura.

La fama de su pequeño rincón culinario comenzó a crecer. Vecinos, amigos y amantes de la gastronomía acudían a su modesto establecimiento para probar los sabores únicos que ofrecían. La cocina se convirtió en un lugar de encuentro, donde las historias se compartían alrededor de una mesa repleta de delicias preparadas con amor y creatividad.

Aunque la vida en la ciudad estaba llena de ajetreo, Walter y Alexia encontraron un equilibrio entre su pasión por la cocina y la conexión con la comunidad. Su amistad se fortalecía cada día, y la cocina se convirtió en un lenguaje compartido que trascendía las palabras. Cada plato que creaban era un testimonio de su viaje, desde las montañas de su tierra natal hasta las calles bulliciosas de la ciudad.

A medida que el capítulo de "Sabores Compartidos" avanzaba, Walter y Alexia se dieron cuenta de que su búsqueda de un hogar en dos mundos no solo estaba relacionada con el lugar físico, sino también con las conexiones que construían y las experiencias que compartían.

La cocina se convirtió en la manifestación de su sueño compartido, un lugar donde sus historias se entrelazaban con los sabores y aromas que creaban juntos.
La fama de la pequeña cocina de Walter y Alexia siguió creciendo, atrayendo la atención de los medios locales. Invitaciones para aparecer como chefs invitados en programas de cocina de televisión comenzaron a llegar.

Aunque al principio se sentían abrumados por la idea de compartir sus creaciones con un público más amplio, aceptaron la oportunidad con entusiasmo.
La experiencia frente a las cámaras les ofreció una plataforma para mostrar su pasión por la cocina y compartir sus historias de migración. Walter demostró su habilidad para narrar mientras cocinaba, llevando a la audiencia a través de los sabores de su tierra natal y la emocionante vida en la ciudad. Alexia, con gracia y autenticidad, compartió su viaje de autodescubrimiento, inspirando a muchos que la veían.

En medio de su ascenso en el mundo culinario, nuevas conexiones personales también se tejían en la vida de Walter y Alexia. Alexia conoció a Roberto, un recién graduado en informática de origen latinoamericano, quien había llegado a la ciudad en busca de oportunidades profesionales. A medida que compartían sus sueños y aspiraciones, su conexión se profundizó, y pronto se convirtieron en pareja.

En paralelo, Walter también experimentó un nuevo capítulo en su vida amorosa. Conoció a María, una bella mujer de origen persa, que trabajaba como bailarina de teatro. Su energía vibrante y su amor por las artes resonaron con la pasión de Walter por la creatividad y la expresión. Juntos, comenzaron a explorar la riqueza cultural de la ciudad, fusionando sus experiencias para crear una relación única y enriquecedora.

La dinámica del grupo se transformó a medida que estos cuatro individuos se unieron, cada uno aportando sus propias experiencias y perspectivas al caleidoscopio de sabores y emociones que compartían. Las cenas en su hogar se convirtieron en eventos llenos de risas, historias y, por supuesto, exquisitas creaciones culinarias.
La vida de Walter y Alexia se había convertido en una sinfonía de sabores compartidos, amistad, amor y la continua exploración de sus identidades en la ciudad que los había acogido. Aunque su viaje había comenzado como dos jóvenes salmones nadando contra la corriente, ahora se encontraban fluyendo en una armonía que solo la vida en la ciudad podía ofrecer.

En medio de los logros y las nuevas relaciones que florecían en la vida de Walter y Alexia, una noticia inesperada lanzó una sombra sobre su felicidad. Walter recibió la dolorosa noticia de la muerte de su madre, Rosita. A pesar de la distancia, Rosita había sido el ancla emocional de Walter, la única persona que lo había formado y apoyado incondicionalmente desde su infancia.

La tristeza y la añoranza llenaron el corazón de Walter. Aunque siempre había sabido que la partida de su madre sería inevitable, la realidad de su ausencia golpeó con fuerza. Rosita, la mujer fuerte que le había enseñado a nadar contra la corriente, ya no estaría esperándolo en su hogar de montaña.

La noticia de la muerte de su madre resonó en Walter de una manera profunda, y la idea de regresar a su lugar de origen se volvió más fuerte que nunca. Ahora, no solo sentía la responsabilidad de honrar el legado de su madre, sino también la necesidad emocional de regresar, aunque fuera para encontrarse con su memoria y reconciliarse con el lugar que había dejado atrás.

El duelo se mezcló con la determinación renovada de Walter de mantener viva la esencia de su madre a través de sus logros culinarios y su búsqueda de un hogar en dos mundos. La cocina se convirtió en un lugar de refugio, donde las recetas que Rosita le había enseñado se convertían en una forma de conexión espiritual.

Mientras tanto, las vidas de Alexia, Roberto y María también se vieron afectadas por la tristeza que envolvía a Walter. Juntos, encontraron fuerza en la amistad y el apoyo mutuo, transformando su hogar en un espacio donde podían compartir sus alegrías y también sus penas.

Aunque la muerte de Rosita marcó un punto de inflexión en la historia de Walter, también reforzó su determinación de encontrar un sentido de pertenencia, ya sea en la ciudad que ahora llamaba hogar o en el lugar de sus raíces en las montañas. La promesa que se había hecho a sí mismo de regresar, aunque fuera en su vejez, se volvió más arraigada que nunca.

El capítulo de "Sabores Compartidos" simbolizaba la transición de Walter y Alexia hacia un nuevo capítulo en sus vidas. La escuela de cocina se convirtió en el lienzo en el que pintaron sus sueños y exploraron las posibilidades ilimitadas que la vida en la ciudad les ofrecía. Su amistad y determinación continuaban siendo la fuerza impulsora que los guiaba en su búsqueda de un hogar en dos mundos, ahora a través de los sabores compartidos que preparaban con amor y dedicación.

En este capítulo, la vida de Walter y Alexia tomaba un giro inesperado pero emocionante, llevándolos a explorar el arte culinario y descubrir la alegría de compartir sabores con aquellos que apreciaban su dedicación y pasión. El viaje de estos dos jóvenes salmones continuaba, ahora enredado con hilos de experiencia culinaria, amistad inquebrantable y la promesa de un hogar en el que los sabores compartidos contaban la historia de su extraordinario viaje.

El capítulo de "Sabores Compartidos" tomaba giros inesperados y emocionantes, revelando no solo los logros culinarios de Walter y Alexia en la televisión, sino también el florecimiento de nuevas relaciones que enriquecían sus vidas de maneras inimaginables. La promesa de un hogar en dos mundos se materializaba en la red de conexiones que habían construido, cada una aportando su propio matiz a la historia de estos dos jóvenes migrantes.

Capítulo 5

Migrar en Familia

El restaurante de Walter se convirtió en un espacio donde las historias de migración se entrelazaban con los aromas y sabores que llenaban el aire. Cada cliente que entraba tenía una narrativa única que contar, y Walter se convirtió en un oyente ávido, ansioso por aprender de las experiencias de aquellos que compartían su mesa.

Una noche, Moisés, un hombre proveniente de Latinoamérica, entró al restaurante. Su historia era como un libro abierto, y compartirla se convirtió en una conversación que cambiaría la perspectiva de Walter sobre la migración.

Moisés, que alguna vez fue un niño descalzo y sin rumbo en las calles de su ciudad natal, habló de su odisea migratoria. Contó cómo había dejado atrás la pobreza y la desesperación en busca de oportunidades en tierras extranjeras. A pesar de los desafíos, logró superar cada obstáculo con determinación y coraje.

Desde trabajos humildes hasta noches sin hogar, Moisés perseveró. Finalmente, encontró su camino en el mundo de los negocios. La historia de su superación no solo era un testimonio de resiliencia, sino también un recordatorio de la fuerza inherente que yace en cada migrante.

Walter se conmovió al escuchar la historia de Moisés y se dio cuenta de que cada persona que compartía su mesa tenía su propio viaje, lleno de altibajos, triunfos y aprendizajes. El restaurante no solo era un lugar para disfrutar de la comida, sino también un santuario donde las experiencias de migración se compartían, conectando a personas de diferentes rincones del mundo.
La conexión entre Walter, Moisés y otros clientes del restaurante creó una especie de familia extendida. Cada historia compartida se convertía en un hilo que tejía la narrativa colectiva de aquellos que, de alguna manera u otra, habían decidido nadar contra la corriente en busca de un mejor destino.

La vida en la ciudad estaba llena de complejidades y desafíos, pero en el restaurante de Walter, la diversidad se celebraba y las experiencias de migración se honraban. La visión de un hogar en dos mundos se expandía, no solo limitada a las conexiones personales, sino también a la comunidad más amplia que se formaba alrededor de cada mesa del restaurante.

El restaurante se había convertido en un lugar donde la comida era más que un simple plato; era una invitación a compartir, aprender y celebrar las diversas historias que se entretejían en el tapiz de la vida en la ciudad.

Entre los clientes habituales del restaurante de Walter, una pareja destacaba por su complicidad y romance palpable. Moisés, el hombre de espíritu indomable, no llegaba solo; Roxana, su esposa de toda la vida, siempre lo acompañaba.

A pesar de los años juntos, su relación aún resplandecía con el brillo de los enamorados recién comprometidos.
Moisés y Roxana no eran solo clientes; eran un recordatorio constante de que, incluso en medio de las luchas y los desafíos, el amor podía florecer y crecer. Su presencia añadía un toque especial al restaurante de Walter, convirtiéndolo en un lugar donde no solo se compartían historias de migración, sino también historias de amor duradero.

La pareja siempre se sentaba en el rincón más íntimo del restaurante, donde las velas parpadeaban y la música suave creaba un ambiente romántico. Cada visita de Moisés y Roxana era como una celebración de su historia de amor, marcada por años de risas compartidas, lágrimas superadas y momentos que habían tejido el tapiz de su vida en conjunto.

Walter, inspirado por la conexión única de esta pareja, decidió sorprenderlos en su próximo aniversario de bodas. Planeó una cena especial, con platillos cuidadosamente seleccionados y una atmósfera que reflejara la esencia de su amor. Cuando Moisés y Roxana llegaron al restaurante, se encontraron con un ambiente lleno de velas, música romántica y la calidez de la familia que habían encontrado en Walter y su equipo.

La noche se convirtió en un viaje a través del tiempo para Moisés y Roxana. Compartieron anécdotas de su vida juntos, recordaron momentos especiales y rieron como si cada día pasara como el primero de su unión. La celebración no solo honraba su amor, sino también la resiliencia y la fortaleza que habían demostrado a lo largo de los años.
Mientras observaba a Moisés y Roxana bailar como dos jóvenes enamorados, Walter sintió una profunda gratitud por ser testigo de historias tan hermosas. El restaurante, que había comenzado como un lugar para compartir sabores y migraciones, se había convertido en un santuario donde también se celebraba el amor perdurable.

La noche del aniversario de Moisés y Roxana, el restaurante estaba impregnado de amor y celebración. Mientras Moisés y Roxana disfrutaban de su cena especial, una nueva figura se unió al grupo: María, amiga cercana de Roxana. Su llegada no solo añadió más alegría a la velada, sino que también despertó un sentimiento desconocido en el corazón de Walter.

María irradiaba una energía única; su presencia era como una luz que iluminaba la sala. Desde el momento en que cruzó la puerta, Walter sintió que algo había cambiado. Su mirada se encontró con la de María, y en ese instante, el tiempo pareció detenerse.

A lo largo de la cena, Walter y María compartieron miradas furtivas y sonrisas cómplices. Aunque apenas se conocían, había una conexión palpable entre ellos. La risa y las historias compartidas por Moisés y Roxana proporcionaron el telón de fondo perfecto para que Walter y María comenzaran a explorar esa chispa incipiente que había surgido entre ellos.

La velada se extendió, y Walter y María encontraron oportunidades para conversar en privado. Compartieron sus experiencias, sueños y, de alguna manera, parecían entenderse sin necesidad de palabras. La química entre ellos era innegable, y mientras la noche avanzaba, Walter se dio cuenta de que el amor había tocado a su puerta de una manera inesperada.

El aniversario de Moisés y Roxana se convirtió en un evento que marcó el comienzo de una nueva historia. Mientras los festejados disfrutaban de la danza y la música, Walter y María se sumergieron en una conversación que trascendía las formalidades. La magia de la noche dejó en claro que, a veces, el amor no seguía un guion preestablecido; simplemente llegaba cuando menos lo esperabas.

A medida que la noche avanzaba, la conexión entre Walter y María florecía, marcando el inicio de una historia de amor que resonaría en el corazón de Walter durante mucho tiempo. Sin embargo, la vida, con su complejidad inesperada, traería desafíos que ninguno de los dos podría prever.

A lo largo del próximo año, Walter y María experimentaron el vértigo del amor, explorando las emociones intensas y compartiendo momentos inolvidables. Sin embargo, como las corrientes del río que llevan a los salmones de vuelta a casa, la vida tenía sus propios caminos.

Circunstancias inesperadas y sueños individuales los llevaron por sendas divergentes. A pesar del amor que compartían, Walter y María llegaron a un acuerdo amistoso de separarse, reconociendo que sus vidas estaban tomando direcciones diferentes. Aunque el amor entre ellos no perdía su esencia, la realidad de sus objetivos individuales y las circunstancias los llevó a tomar la difícil decisión de seguir caminos separados.

Walter, siendo el hombre incansable y feliz que siempre había sido, abrazó la experiencia con gratitud y sabiduría. Aunque el amor entre él y María no se consolidó en una unión duradera, la relación dejó una marca imborrable en sus corazones. Walter, resiliente como siempre, continuó su viaje, manteniendo viva la llama de la esperanza y la determinación.

Con el aniversario de su madre aún en su mente, Walter mantenía firme su objetivo de regresar a su tierra natal. La experiencia con María no disminuyó su deseo de encontrar un hogar en dos mundos, sino que, de alguna manera, lo fortaleció. Aunque su corazón llevaba consigo las huellas del amor compartido, también latía con la promesa de volver a las montañas que alguna vez llamó hogar.

Sueños Viajeros: Migrar, Volver y Encontrar un Hogar en Dos Mundos

El capítulo de "Migrar en Familia" exploraba las historias de los clientes que frecuentaban el restaurante de Walter, mostrando cómo las experiencias compartidas podían unir a personas de diferentes orígenes en una comunidad interconectada. El restaurante se había convertido en un lugar donde la comida era más que un simple plato; era una invitación a compartir, aprender y celebrar las diversas historias que se entretejían en el tapiz de la vida en la ciudad.

"Migrar en Familia" se cerraba con una mezcla de emociones. Aunque el amor entre Walter y María había sido efímero, había dejado una marca profunda en la historia de Walter. La vida continuaba, tejiendo una narrativa en la que la migración, el amor y la determinación seguían siendo hilos interconectados. El viaje de Walter persistía, guiado por la memoria de su madre y la esperanza de encontrar su hogar en dos mundos.

Preludio de un capitulo

Casi sesenta años habían pasado desde que Walter dejó su hogar en las montañas, iniciando una odisea de migración, amor, pérdida y autodescubrimiento en la bulliciosa ciudad que ahora llamaba hogar. A lo largo de las décadas, construyó historias que se entrelazaron con las de aquellos que cruzaron su camino, pero en lo más profundo de su corazón, la llamada de su tierra natal resonaba con una persistencia inquebrantable.

Sueños Viajeros: Migrar, Volver y Encontrar un Hogar en Dos Mundos

Ahora, en la cúspide de la vida, Walter sentía que era el momento de volver a sus raíces. La ciudad, con todas sus luces y sombras, había sido testigo de su crecimiento, pero el llamado de las montañas persistía. La necesidad de encontrar la tranquilidad que se le había escapado durante décadas se convertía en una certeza ineludible.

"Reencuentro y Regreso", marcaba el inicio de un nuevo capítulo en la vida de Walter. Con el paso del tiempo, su determinación no había menguado; al contrario, se había fortalecido con la madurez y la sabiduría que solo los años podían otorgar. La búsqueda de un hogar en dos mundos ahora tomaba una forma más específica: el regreso a las montañas que lo vieron crecer.

A medida que Walter planeaba su viaje de regreso, la expectativa se entrelazaba con la nostalgia. Las imágenes de su infancia, las enseñanzas de su madre y los recuerdos de un tiempo que parecía lejano se manifestaban con claridad en su mente. La promesa que se había hecho a sí mismo en su juventud, de regresar, aunque fuera en su vejez, estaba a punto de cumplirse.

Capítulo 6

Reencuentro y Regreso

El crujir de las hojas bajo los pasos de Walter resonaba en el sendero que lo conducía de vuelta a casa. Las montañas, majestuosas y atemporales, se alzaban ante él como guardianes de memorias que yacían ocultas en los recovecos de su corazón. A medida que avanzaba, los colores del atardecer pintaban el cielo, creando una sinfonía de tonos cálidos que reflejaban la mezcla de emociones que lo embargaba.

Con cada paso, Walter hacía un repaso de su vida. La ciudad, con sus luces brillantes y su ajetreo constante, quedaba atrás. Había dejado su huella en aquel lugar, construyendo una vida llena de éxitos culinarios y conexiones significativas, pero siempre sintiendo que algo esencial se había quedado atrás.

Sueños Viajeros: Migrar, Volver y Encontrar un Hogar en Dos Mundos

Ni él ni Alexia, su fiel amiga y casi hermana, lograron cumplir el papel de padres en sus vidas. Sin embargo, en ese vacío, encontraron lazos más fuertes que la sangre. Juntos, decidieron emprender el viaje "rio arriba", en busca del hogar que se les había escapado durante tanto tiempo.

La conexión entre Walter y Alexia se había fortalecido con los años, construyendo una amistad que trascendía las etiquetas familiares. Aunque la vida no les había concedido la bendición de ser padres biológicos, descubrieron que su conexión era más profunda que cualquier lazo sanguíneo. Ahora, decididos a encontrar su lugar en el mundo, compartían la visión de un hogar donde pudieran envejecer juntos, compartiendo risas y recuerdos de una vida bien vivida.

El viaje "rio arriba" se volvía más que una travesía física; era un simbolismo de la búsqueda de un hogar más allá de las montañas. Cada paso que daban representaba la perseverancia, la determinación y la esperanza de encontrar la paz que tanto anhelaban. La corriente del río los guiaba como un hilo conductor que conectaba su pasado con el futuro que imaginaban.

Las conversaciones entre Walter y Alexia se volvían un eco de sus sueños compartidos y las experiencias que habían vivido. Recordaron las risas en la ciudad, los desafíos superados y las amistades que habían marcado sus vidas.

Pero, sobre todo, hablaron del anhelo de encontrar un lugar donde pudieran envejecer juntos, disfrutando de la tranquilidad que solo las montañas podían ofrecer.

A medida que se acercaban a su destino, las montañas se erguían ante ellos como viejas amigas que aguardaban su regreso. El hogar que una vez dejaron atrás estaba a la vista, y la emoción de la reunión se mezclaba con la nostalgia de los recuerdos. Walter y Alexia, dos almas migrantes, estaban a punto de cerrar el círculo de sus vidas, encontrar la paz que anhelaban y crear un hogar donde la felicidad se tejiera en cada rincón.

El sol se ponía sobre las montañas, tiñendo el cielo con tonos dorados mientras Walter y Alexia llegaban a su destino. Ante ellos se extendía el paisaje familiar de su pueblo natal, ahora transformado por los años que habían pasado. Los dos amigos, unidos por décadas de experiencias compartidas, se miraron con una mezcla de emoción y gratitud.
Decidieron construir su casa de ensueño en un rincón especial de la tierra que los vio crecer. La madera, los colores de la naturaleza y la armonía con el entorno se convirtieron en los elementos clave de su refugio. Cada rincón de la casa resonaba con la historia de Walter y Alexia, un testimonio de su viaje compartido y el anhelo de encontrar la paz que tanto habían buscado.

Junto a la casa, surgía el restaurante que siempre habían imaginado. Inspirados por las lecciones culinarias aprendidas en la ciudad, pero con un toque único que solo sus raíces podían aportar, Walter y Alexia dieron vida a su sueño. El aroma de las especias, el sabor de las tradiciones locales y la calidez de la hospitalidad que caracterizaba a su restaurante pronto se convirtieron en un punto de encuentro para la comunidad.

A medida que el restaurante ganaba popularidad, Walter y Alexia encontraron una nueva alegría en compartir su arte culinario con aquellos que habían compartido su viaje. Los rostros familiares y las nuevas amistades se congregaban alrededor de las mesas, creando un vínculo que trascendía el simple acto de compartir una comida.

Con el plan de retiro trazado y la construcción de su hogar y restaurante completada, Walter y Alexia anhelaban encontrar la paz que habían perseguido durante tanto tiempo. Sentados en el porche al atardecer, observaban el río que serpenteadamente atravesaba el paisaje, reflexionando sobre las lecciones que la vida les había enseñado.

Los años restantes de sus vidas se vislumbraban ante ellos, llenos de la promesa de días tranquilos y noches serenas. El bullicio de la ciudad había sido reemplazado por el susurro de las hojas y el canto de los pájaros. Cada rincón de su hogar irradiaba la dicha de un sueño realizado, una vida compartida y la realización de encontrar un lugar para envejecer con paz y alegría.

El Capítulo 6 exploraría el reencuentro de Walter con su tierra natal, los rostros y lugares que solo habían vivido en sus recuerdos durante décadas. ¿Encontraría la paz y la conexión que tanto anhelaba? ¿Las montañas le ofrecerían la calma que escapó durante toda una vida en la ciudad? El viaje de

Sueños Viajeros: Migrar, Volver y Encontrar un Hogar en Dos Mundos

Walter, ahora hacia el reencuentro y el regreso, prometía desvelar respuestas y cerrar el círculo de una vida extraordinaria marcada por la migración constante y la búsqueda incansable de un hogar.

En el horizonte se vislumbraba el reencuentro con su tierra natal, un hogar donde esperaban encontrar no solo el descanso de la vejez, sino también la plenitud de una vida vivida con propósito y amor. La corriente del río los guiaba hacia un destino que, finalmente, se revelaría como el hogar que siempre buscaron "río arriba", donde las montañas guardarían sus secretos y los acogerían en un abrazo eterno.

"Reencuentro y Regreso", cerraba con el capítulo final de la historia de Walter y Alexia. El río, testigo silencioso de su viaje, fluía sereno, llevando consigo los secretos de dos almas migrantes que finalmente encontraron su refugio "río arriba", donde la paz y la felicidad los acompañarían en los años por venir.

Sueños Viajeros: Migrar, Volver y Encontrar un Hogar en Dos Mundos

Capítulo 7

Sueños Cumplidos

Los setenta años de Walter se desplegaban como un libro abierto, lleno de capítulos marcados por la migración, el amor, los sueños realizados y la búsqueda constante de un hogar. Aunque la ciudad le ofreció éxito y reconocimiento, siempre hubo un hilo invisible que lo conectaba con las montañas que una vez llamó hogar.

Atrás quedaban las décadas de aventuras en la ciudad, donde cada callejón, cada risa compartida y cada plato servido contaban la historia de un hombre que, a pesar de haber alcanzado el éxito en su patria adoptiva, sentía que su corazón pertenecía a otro lugar.

La decisión de regresar a su tierra natal se convirtió en la culminación de una vida dedicada a la búsqueda de la paz y la realización de sueños largamente acariciados.

El viaje de regreso fue más que un retorno físico; fue un reencuentro con las raíces que habían dado forma a su identidad. A medida que se adentraba en las montañas, los recuerdos de su infancia se entrelazaban con la realidad del momento. Cada árbol, cada roca, contaba la historia de un niño que creció con la naturaleza como su mejor amiga.

La lentitud de la vida se convertía en una bendición para Walter. A sus setenta años, encontró la belleza en la pausa, en el disfrute de cada atardecer y en el respirar profundo del aire impregnado de recuerdos. Los días se alargaban, permitiéndole saborear la juventud y madurez que le habían sido arrebatadas durante tantos años lejos de su tierra.

La decisión de vivir esos años a plenitud se traducía en caminatas por senderos familiares, en conversaciones con vecinos que recordaban su nombre desde hacía décadas y en la creación de nuevos recuerdos en cada rincón de su amado pueblo.

Los sueños que una vez parecieron lejanos ahora se materializaban con cada amanecer. Los días en el pueblo transcurrían con la lentitud que Walter tanto anhelaba. Junto a Alexia, construyó nuevos capítulos en el ocaso de sus vidas.

Cada amanecer compartido en la casa de ensueño, cada comida servida con amor en su restaurante, se convertían en momentos preciosos que resonarían en las páginas finales de sus historias compartidas.

Las caminatas al atardecer se volvieron un ritual sagrado. Walter y Alexia exploraban senderos familiares, recordando las historias que habían vivido en cada rincón. Se sumergían en la belleza de la naturaleza que siempre los había acompañado, creando nuevos recuerdos que se tejían con los hilos de la nostalgia.

El restaurante, que una vez fue un sueño compartido en la ciudad, se transformó en el corazón pulsante de su retiro. Walter, a pesar de sus setenta años, continuaba sirviendo platos que contaban la historia de su vida. La cocina seguía siendo su lienzo, y cada plato era una obra maestra que reflejaba no solo su habilidad culinaria, sino también la
pasión que lo impulsaba.

La comunidad que crearon se volvía su familia extendida. Vecinos, amigos de toda la vida y nuevos rostros se reunían en el restaurante, compartiendo risas y sabores que conectaban generaciones. Walter y Alexia, a pesar de no tener hijos biológicos, encontraron la dicha de ser padres y abuelos espirituales para aquellos que los rodeaban.

El ocaso de sus vidas, en lugar de marcar el final, se volvía un nuevo comienzo. Juntos, experimentaron la tranquilidad que solo se encuentra en el retorno a las raíces. Las estaciones de la vida se sucedían, pero su amor y amistad eran inquebrantables, como las montañas que los resguardaban.

El destino final de Walter no era predecible. A pesar de no tener hijos y de que su madre yacía en la paz de la eternidad, su legado trascendía las líneas familiares. Cada plato servido, cada historia compartida, se convertían en sus herederos. El final de su historia no estaba marcado por la ausencia de descendencia, sino por la riqueza de las relaciones construidas a lo largo de los años.

En la última página de su vida, Walter continuaba sirviendo en su restaurante, compartiendo risas y creando nuevas historias. La incertidumbre del mañana no opacaba la plenitud del hoy. En la simplicidad de su retiro, encontró la respuesta a la búsqueda de un hogar en dos mundos. El final de su historia era impredecible, pero la certeza de que había vivido una vida plena llenaba su corazón de gratitud y satisfacción.

En el crepúsculo de sus vidas, Walter y Alexia descubrieron que la verdadera plenitud se encuentra en los pequeños momentos compartidos, en los sueños que se hacen realidad y en las relaciones que trascienden el tiempo.
En su hogar "rio arriba", entre las montañas que los vieron crecer, encontraron la paz que habían buscado incansablemente.

El restaurante, testigo silencioso de sus vidas, continuaba siendo el epicentro de su felicidad. Cada plato servido contaba la historia de un hombre que migró, amó y regresó, y de una mujer que compartió cada paso de su viaje.

Sueños Viajeros: Migrar, Volver y Encontrar un Hogar en Dos Mundos

Aunque la línea de sangre se extinguía, el legado de Walter persistía en las risas, los aromas y las historias que se compartían en su amado establecimiento.

El destino final de Walter, al igual que el final de cualquier gran historia, permanecía en la incertidumbre. Sin embargo, su vida era un testimonio de que la verdadera riqueza se encuentra en las relaciones construidas, en las experiencias vividas y en la huella dejada en el corazón de otros.

Este libro es más que la historia de Walter; es un reflejo de la condición humana, de la búsqueda universal de un hogar en dos mundos. En sus páginas, millones de lectores pueden encontrar fragmentos de sus propias vidas, reconocerse en las luchas y triunfos de Walter, y quizás, descubrir un nuevo significado en sus propios viajes.

Si has llegado hasta aquí, te invitamos a explorar más allá de estas páginas. Tal vez encuentres en las experiencias de Walter y Alexia un eco de tu propia búsqueda de significado y hogar. Este libro es un recordatorio de que, independientemente de nuestras raíces, todos compartimos el anhelo de encontrar un lugar donde podamos envejecer con paz y plenitud.

Que esta historia inspire la búsqueda constante de sueños, la celebración de las conexiones humanas y el retorno a las raíces que nos hacen ser quienes somos. Si te ha resonado, si has sentido la conexión con esta historia, comparte este libro con aquellos que también buscan respuestas en los recovecos de la migración, el amor y la búsqueda de un hogar en dos mundos.

Sueños Viajeros: Migrar, Volver y Encontrar un Hogar en Dos Mundos

Capítulo Especial:

Las Sombras de la Migración

Aunque muchas historias de migración están teñidas de coraje y éxito, es imperativo reconocer las sombras que acompañan a este fenómeno global. Según informes oficiales de la Organización de las Naciones Unidas (ONU), miles de migrantes enfrentan desafíos inimaginables en su búsqueda de una vida mejor.

Perdidos en el Camino:

Los migrantes, empujados por la esperanza y la necesidad, se embarcan en travesías inciertas en busca de una vida mejor. Sin embargo, en medio de la vastedad de rutas migratorias, muchos se encuentran en situaciones de extrema vulnerabilidad, enfrentando desafíos inimaginables.

En su desesperación por escapar de la adversidad en sus lugares de origen, los migrantes a menudo se ven forzados a confiar en traficantes de personas o a enfrentarse solos a peligros desconocidos. La falta de una guía clara y segura, combinada con la ausencia de recursos básicos, los coloca en un escenario donde perderse es una amenaza constante.

Naufragios en peligrosas travesías marítimas, secuestros por grupos delictivos y la simple desorientación en vastos territorios son algunos de los riesgos que enfrentan. Las historias de aquellos que desaparecen en estas circunstancias resaltan la urgencia de medidas más efectivas para garantizar la seguridad y el bienestar de quienes buscan una nueva vida.

La magnitud de este problema se amplifica por la falta de sistemas de monitoreo y rescate adecuados. La búsqueda de una vida mejor se convierte en una lucha desesperada por la supervivencia, donde la pérdida de vidas humanas a menudo se suma a la tragedia de familias rotas y comunidades devastadas.

Afrontar la realidad de los migrantes perdidos en el camino implica no solo abordar las consecuencias directas de estas pérdidas, sino también trabajar activamente para crear vías más seguras y accesibles. La colaboración internacional, la inversión en tecnologías de rescate y la conciencia pública son fundamentales para mitigar este aspecto oscuro de la migración y proporcionar un rayo de esperanza en medio de la incertidumbre.

El desafío de los migrantes perdidos en el camino se extiende más allá de la geografía física; es también una prueba de nuestra responsabilidad colectiva. La falta de una red de apoyo global efectiva agrava las vulnerabilidades de aquellos que buscan un refugio seguro y una oportunidad para reconstruir sus vidas.

La necesidad de coordinación internacional se vuelve evidente, no solo para garantizar la seguridad de las travesías, sino también para abordar las causas fundamentales de la migración forzada. La inversión en programas de desarrollo sostenible en los países de origen, el fortalecimiento de los mecanismos de asilo y la cooperación para desmantelar redes de traficantes son pasos cruciales para abordar la raíz del problema.

Además, es esencial desarrollar protocolos eficientes de búsqueda y rescate. Esto implica la implementación de tecnologías avanzadas, como sistemas de monitoreo por satélite y servicios de emergencia coordinados a nivel internacional. La creación de corredores humanitarios seguros y la colaboración con organizaciones de la sociedad civil también son pasos esenciales para asegurar que la travesía hacia una vida mejor no se convierta en una odisea mortal.

Reconocer la magnitud de los migrantes perdidos en el camino es un llamado a la acción. Una acción que va más allá de los límites nacionales y que exige un compromiso colectivo para garantizar que cada individuo que busca un futuro más prometedor no se pierda en las sombras de la migración, sino que encuentre un camino iluminado hacia la seguridad, la justicia y la esperanza.

Este desafío humanitario requiere una respuesta que trascienda las fronteras y las diferencias políticas. La pérdida de vidas en la búsqueda de un futuro mejor es una llamada de atención para replantear nuestras políticas, fortalecer nuestra cooperación y abrazar la empatía como guía fundamental.

Para abordar efectivamente la crisis de los migrantes perdidos en el camino, es imperativo que la comunidad internacional trabaje de la mano. Esto implica no solo atender las consecuencias inmediatas, sino también abordar las desigualdades sistémicas y las condiciones que obligan a las personas a embarcarse en travesías tan arriesgadas.

En este camino hacia soluciones más humanas, cada vida perdida debería recordarnos la importancia de la solidaridad global. Al unirnos para crear un entorno más seguro y compasivo, no solo estamos defendiendo los derechos fundamentales de los migrantes, sino también preservando nuestra propia humanidad.

En última instancia, la tragedia de los migrantes perdidos en el camino nos desafía a preguntarnos qué tipo de mundo queremos construir. Uno donde la búsqueda de una vida mejor sea sinónimo de riesgo y desesperación, o uno donde la compasión y la cooperación internacional iluminen el camino hacia un futuro más justo y esperanzador para todos.

La decisión está en nuestras manos, y la forma en que respondamos definirá la historia que contaremos a las generaciones futuras.

Fosas Comunes y Anonimato:

La trágica realidad de las fosas comunes revela una faceta desgarradora de la migración, donde aquellos que buscan un futuro mejor terminan enfrentando la inhumanidad de la indiferencia y la falta de identidad en su último adiós.

Estas fosas, en su mayoría ubicadas en regiones fronterizas y desiertos inhóspitos, se convierten en testigos silenciosos de los peligros que enfrentan los migrantes. Muchos de ellos, incapaces de superar las difíciles condiciones de sus travesías, encuentran un destino desolador en estas tumbas colectivas.

La ausencia de identificación y documentación adecuada significa que estos individuos quedan atrapados en el anonimato, sin que se registre su paso por este mundo. Este oscuro fenómeno no solo niega a los fallecidos su dignidad en la muerte, sino que también perpetúa la invisibilidad de sus historias, sueños y luchas.

Para abordar esta dolorosa realidad, es esencial implementar sistemas de identificación más robustos y eficientes. La tecnología forense y las bases de datos internacionales pueden desempeñar un papel crucial en la tarea de identificar a aquellos cuyas vidas se perdieron en la búsqueda de un futuro más prometedor. Además, la colaboración internacional para mejorar los protocolos de manejo de restos humanos y la investigación de casos de desapariciones se vuelve imperativa.

Estas fosas comunes deben ser más que recordatorios sombríos; deben ser catalizadores para el cambio. Cada cuerpo no identificado representa una vida que se perdió en el laberinto de la migración, una vida que merece ser reconocida y recordada. Al abordar este aspecto oscuro, no solo honramos a los fallecidos, sino que también trabajamos hacia la construcción de un mundo donde la migración no esté marcada por la tragedia y el olvido, sino por la empatía y el respeto hacia cada ser humano.

El drama de las fosas comunes nos obliga a enfrentar la dura realidad de la migración y las tragedias que ocurren en su sombra. Cada fosa es un recordatorio de vidas perdidas, de sueños truncados y de historias que nunca serán contadas. Abordar este oscuro fenómeno exige una respuesta humanitaria urgente y una profunda reflexión sobre nuestra responsabilidad como sociedad global.

La falta de identificación y documentación adecuada no solo perpetúa la invisibilidad de aquellos que encuentran un final prematuro, sino que también complica la tarea de reunir a las familias con sus seres queridos desaparecidos. Es esencial trabajar hacia un sistema integral que aborde no solo la identificación post mortem, sino también la prevención de estas tragedias.

La colaboración entre gobiernos, organizaciones no gubernamentales y comunidades locales es clave. La implementación de políticas que promuevan la transparencia en la gestión de restos humanos y la creación de mecanismos de comunicación efectivos entre las autoridades de diferentes países son pasos fundamentales para abordar este aspecto oscuro y complejo de la migración.

Asimismo, debemos reconocer que detrás de cada cuerpo no identificado hay una historia que merece ser contada. Cada individuo que yace en una fosa común es parte de una red de experiencias humanas entrelazadas. Abordar este problema no solo implica una mejora en los procesos forenses, sino también un compromiso continuo con la empatía y la comprensión, reconociendo la humanidad de aquellos que buscan una vida mejor.

En última instancia, al enfrentar la realidad de las fosas comunes y el anonimato, estamos llamados a transformar esta oscura faceta de la migración en un catalizador para la acción humanitaria. Solo a través de un esfuerzo conjunto y compasivo podemos esperar iluminar estos lugares sombríos y construir un mundo donde cada individuo, independientemente de su origen, pueda migrar con dignidad y seguridad hacia un futuro más esperanzador.

La tragedia de las fosas comunes y el anonimato de aquellos que descansan en ellas exigen una reflexión profunda sobre nuestra humanidad compartida y nuestras responsabilidades globales. Más allá de las estadísticas, estas tumbas colectivas representan vidas perdidas y destinos truncados en la implacable búsqueda de un futuro más prometedor.

Abordar este oscuro aspecto de la migración requiere una acción concertada a nivel internacional. La inversión en tecnologías forenses, la mejora de los protocolos de identificación y la cooperación entre países son pasos esenciales para devolver la identidad y la dignidad a aquellos que la perdieron en su viaje.

Las fosas comunes también deben servir como recordatorio de nuestras responsabilidades morales. Cada individuo, independientemente de su origen, merece respeto y reconocimiento. En lugar de ser olvidados en la indiferencia, aquellos que yacen en estas tumbas anónimas deberían motivarnos a construir un mundo donde la migración no se traduzca en la pérdida de vidas y la degradación de la humanidad.

Al mirar hacia el futuro, debemos preguntarnos qué legado queremos dejar. ¿Continuaremos siendo testigos silenciosos de tragedias evitables, o trabajaremos juntos para erradicar las condiciones que llevan a la existencia de fosas comunes? La respuesta no solo yace en políticas más humanas y en la mejora de sistemas forenses, sino en la creación de una conciencia global que valore la vida y la dignidad de cada individuo.

En última instancia, la historia de las fosas comunes y el anonimato debería inspirarnos a actuar con compasión y determinación. Al hacerlo, podemos transformar estos lugares oscuros en símbolos de cambio, recordándonos que, como sociedad global, estamos conectados por nuestra humanidad común y que la empatía debe ser la brújula que guíe nuestras acciones hacia un futuro más justo y solidario.

Violencia y Abusos:

La migración, lejos de ser un camino seguro hacia una vida mejor, a menudo se tiñe de una realidad escalofriante marcada por niveles alarmantes de violencia y abusos. Este aspecto oscuro de la migración revela una crisis humanitaria profunda que afecta a los más vulnerables, con consecuencias devastadoras que trascienden fronteras y generaciones.

Traficantes de personas sin escrúpulos explotan la desesperación de los migrantes, sometiéndolos a situaciones degradantes y peligrosas. Los informes de diversas organizaciones de derechos humanos señalan casos de abuso físico y psicológico, con mujeres y niños siendo especialmente vulnerables a la trata de personas y la explotación sexual. Este flagelo no solo viola los derechos fundamentales de los individuos, sino que también deja cicatrices imborrables en las comunidades afectadas.

Las autoridades encargadas de proteger a los migrantes, en algunos casos, contribuyen a la violencia y los abusos, creando un entorno donde la confianza en las instituciones se desvanece. Las detenciones arbitrarias, el maltrato y la falta de acceso a procesos legales justos son prácticas comunes que solo perpetúan el sufrimiento de aquellos que buscan escapar de la opresión y la adversidad.

Enfrentar la violencia y los abusos en el contexto de la migración implica un enfoque integral que aborde tanto las condiciones de los países de origen como las prácticas corruptas a lo largo de las rutas migratorias. La cooperación internacional, la implementación de protocolos de protección efectivos y la rendición de cuentas por parte de aquellos que perpetúan estas violaciones son fundamentales para cambiar el curso de esta tragedia humana.

Al reconocer la magnitud de la violencia y los abusos asociados con la migración, debemos preguntarnos qué medidas podemos tomar como sociedad global. ¿Seremos testigos pasivos de estas atrocidades o nos comprometeremos a construir un sistema migratorio que respete la dignidad y los derechos humanos? La respuesta no solo afecta a los migrantes, sino que también define nuestra propia humanidad colectiva.

La oscura sombra de la violencia y los abusos en el contexto de la migración nos enfrenta a una urgencia moral ineludible. Detrás de las cifras y los informes, hay historias de sufrimiento humano que claman por una respuesta decidida y compasiva.

Las mujeres y los niños, en su búsqueda desesperada de seguridad, a menudo se encuentran en una situación de extrema vulnerabilidad. La explotación sexual, la trata de personas y los abusos físicos dejan cicatrices que perduran mucho después de que se cruzan las fronteras. Abordar esta vulnerabilidad significa no solo implementar medidas de protección más sólidas, sino también desafiar las estructuras de poder que permiten la explotación de los más débiles.

La colaboración internacional se vuelve esencial para enfrentar estos desafíos sistémicos. La impunidad de los traficantes de personas y las violaciones a los derechos humanos exigen una respuesta conjunta que vaya más allá de las fronteras nacionales. La creación y el fortalecimiento de mecanismos de cooperación, como la extradición de criminales transnacionales y la armonización de leyes de protección, son pasos críticos hacia un enfoque más efectivo y coordinado.

Además, es crucial abordar las condiciones en los países de origen que impulsan a las personas a emprender travesías tan peligrosas.

La inversión en desarrollo sostenible, la promoción de la justicia social y la protección de los derechos humanos en estas regiones son estrategias preventivas que pueden mitigar la necesidad de migrar en condiciones extremas.

En última instancia, la lucha contra la violencia y los abusos en la migración no es solo una responsabilidad de los gobiernos y las organizaciones internacionales. Cada uno de nosotros tiene un papel que desempeñar al exigir la rendición de cuentas, fomentar la empatía y abogar por sistemas migratorios más justos y humanos. Al hacerlo, no solo defendemos los derechos fundamentales de los migrantes, sino que también afirmamos nuestra propia humanidad al rechazar la indiferencia frente al sufrimiento ajeno.

Enfrentar la violencia y los abusos asociados con la migración es un llamado a la acción colectiva, una invitación a construir un mundo donde la búsqueda de una vida mejor no esté marcada por el sufrimiento inhumano. Para lograr un cambio significativo, debemos abordar las raíces profundas de esta crisis y comprometernos a una transformación integral.

La conciencia pública desempeña un papel crucial en este proceso. Al informarnos sobre las realidades que enfrentan los migrantes y al compartir esas historias, podemos desafiar las percepciones erróneas y fomentar una empatía más amplia. La violencia y los abusos no deben ocultarse en las sombras; deben ser expuestos a la luz pública para que la indignación y la solidaridad se conviertan en motores del cambio.

Las organizaciones de derechos humanos tienen un papel vital en la defensa de los migrantes. Su labor incansable al documentar abusos, proporcionar apoyo legal y abogar por políticas justas contribuye a crear un entorno donde la impunidad se reemplace por la responsabilidad. Apoyar y fortalecer estas organizaciones es esencial para construir un frente unido contra la violencia y los abusos en la migración.

A nivel gubernamental, la implementación de políticas que protejan los derechos de los migrantes y sancionen a aquellos que perpetúan la violencia es imperativa. La cooperación internacional en la lucha contra el crimen organizado, especialmente en el ámbito de la trata de personas, es esencial para desmantelar las redes que explotan a los migrantes.

En el núcleo de este desafío se encuentra la necesidad de cultivar una visión más compasiva y global. La migración, en su esencia, debería ser un acto de esperanza y oportunidad, no de desesperación y sufrimiento. A medida que avanzamos hacia un futuro compartido, la erradicación de la violencia y los abusos en la migración debería ser una piedra angular de nuestro compromiso con la justicia, la dignidad y la igualdad para todos.

Desafíos Psicológicos:

La migración, con sus múltiples desafíos, no solo deja cicatrices físicas, sino que también inflige heridas profundas en el ámbito psicológico de aquellos que emprenden este viaje en busca de una vida mejor. Los desafíos psicológicos asociados con la migración forzada son, en muchos casos, tan significativos como los obstáculos físicos, creando una carga emocional que perdura mucho después de que se alcanzan nuevas tierras.

La incertidumbre constante que caracteriza la vida de los migrantes puede tener efectos devastadores en su bienestar mental. La falta de estabilidad, la preocupación por el futuro y la separación de sus seres queridos pueden generar niveles elevados de estrés y ansiedad. La constante adaptación a nuevas culturas, idiomas y entornos también añade presión psicológica, creando una sensación de desarraigo y alienación.

La separación de la red de apoyo familiar y comunitaria puede ser especialmente traumática. Los migrantes a menudo enfrentan la dolorosa realidad de dejar atrás todo lo familiar, sumiéndolos en un sentimiento de pérdida y soledad. La falta de conexiones sólidas en el nuevo entorno puede agudizar estos sentimientos, contribuyendo a problemas de salud mental como la depresión y el aislamiento emocional.

Las experiencias traumáticas durante la travesía, ya sea en manos de traficantes de personas o en situaciones de conflicto, también dejan huellas psicológicas profundas. El estrés postraumático es una realidad para muchos migrantes, manifestándose en pesadillas, flashbacks y dificultades para establecer relaciones significativas en el nuevo entorno.

Abordar estos desafíos psicológicos no solo implica proporcionar servicios de salud mental accesibles, sino también desafiar el estigma cultural que rodea a la salud mental en muchas comunidades. La normalización del diálogo sobre la salud mental y la provisión de recursos adecuados son esenciales para apoyar a los migrantes en su proceso de adaptación y curación emocional.

En última instancia, la atención a los desafíos psicológicos asociados con la migración debe ser integral. Al reconocer y abordar el impacto emocional de este fenómeno, no solo promovemos el bienestar individual, sino que también sentamos las bases para comunidades más resilientes y compasivas, donde cada individuo tiene la oportunidad de reconstruir no solo su vida física, sino también su bienestar mental.

El camino de la migración, aunque lleno de esperanza y determinación, también está plagado de desafíos psicológicos que merecen una atención cuidadosa. La incertidumbre inherente a dejar todo atrás y aventurarse hacia lo desconocido puede dar lugar a una carga mental abrumadora.

La adaptación a nuevos entornos culturales y la superación de barreras lingüísticas se convierten en una prueba constante para la mente del migrante. La sensación de estar en tierra extranjera, donde las costumbres, las normas sociales y las expectativas difieren drásticamente, puede generar un conflicto interno que impacta directamente en la salud mental.

La pérdida de identidad y pertenencia es otra dimensión de los desafíos psicológicos. La migración, a menudo, implica dejar atrás no solo lugares familiares, sino también roles y estatus sociales.

Esta pérdida puede generar una sensación de desarraigo y desconexión, contribuyendo a problemas emocionales profundos.

La exposición a traumas durante la travesía, como la violencia, la explotación o la pérdida de seres queridos, deja cicatrices invisibles. Los efectos del estrés postraumático pueden afectar la capacidad de los migrantes para construir relaciones saludables, desencadenando reacciones intensas frente a situaciones cotidianas que recuerdan el trauma pasado.

Es esencial comprender que la salud mental es una parte integral del bienestar global y que los desafíos psicológicos de la migración no deben pasarse por alto. La creación de redes de apoyo comunitario, programas de salud mental culturalmente sensibles y la disponibilidad de servicios profesionales pueden desempeñar un papel crucial en la mitigación de estos desafíos.

En el camino hacia la construcción de sociedades más inclusivas y empáticas, debemos reconocer la importancia de abordar los desafíos psicológicos de la migración. Solo al priorizar la salud mental y proporcionar recursos adecuados podemos asegurar que cada individuo migrante tenga la oportunidad no solo de sobrevivir, sino de florecer en su nueva realidad. Este enfoque no solo es un acto de humanidad, sino también un paso crucial hacia la construcción de comunidades más fuertes y resilientes.

La travesía migratoria, más allá de los desafíos físicos, pone a prueba la fortaleza emocional de aquellos que buscan un futuro mejor. Los desafíos psicológicos que acompañan a este viaje a menudo se manifiestan como sombras silenciosas, pero su impacto es profundo y duradero.

La adaptación a un nuevo entorno no es solo una cuestión de cambiar geografía; es un proceso complejo que involucra ajustes a nivel emocional y mental. La incertidumbre constante, la pérdida de la red de apoyo y la exposición a experiencias traumáticas son lastres que repercuten en la salud mental de los migrantes.

En este contexto, es imperativo no solo reconocer los desafíos psicológicos, sino también trabajar activamente para superarlos. La atención integral a la salud mental, que va más allá de la mera supervivencia física, es esencial para permitir que los migrantes construyan una vida plena en sus nuevos hogares.

La sociedad global tiene la responsabilidad de desterrar el estigma asociado con los problemas de salud mental y fomentar un entorno donde aquellos que han migrado se sientan apoyados y comprendidos. Esto implica no solo la implementación de servicios de salud mental accesibles, sino también la promoción de una cultura de empatía y comprensión que reconozca la valentía inherente en cada historia migratoria.

En última instancia, al enfrentar los desafíos psicológicos de la migración, estamos llamados a construir puentes de conexión humana. La empatía y la compasión son herramientas poderosas que pueden iluminar el camino hacia una sociedad más inclusiva y solidaria. Al comprender y abordar las complejidades emocionales de la migración, no solo estamos mejorando la vida de los migrantes, sino también construyendo un mundo donde la diversidad y la dignidad humana sean celebradas como pilares fundamentales de nuestra humanidad compartida. En este viaje, recordemos que cada paso hacia la comprensión y el apoyo emocional es un paso hacia un futuro donde cada individuo, independientemente de su origen, pueda florecer y contribuir plenamente al tapiz de la sociedad global.

Respuestas Inadecuadas:

Frente a la complejidad de la migración, nos encontramos con el sombrío panorama de respuestas inadecuadas por parte de la sociedad y las instituciones. Estas respuestas, en lugar de abordar de manera efectiva los desafíos planteados por la migración, a menudo contribuyen a agravar la vulnerabilidad de los migrantes y a perpetuar tragedias innecesarias.

La falta de sistemas adecuados para abordar la migración es un problema central. En muchos casos, los países receptores carecen de infraestructuras y políticas diseñadas para gestionar flujos migratorios de manera eficiente y humanitaria. Las respuestas improvisadas y descoordinadas generan un terreno propicio para la explotación y la marginación de los migrantes, en lugar de ofrecer un apoyo estructurado para su integración.

La escasa cooperación internacional también juega un papel significativo en las respuestas inadecuadas. La migración es un fenómeno global que requiere soluciones colaborativas, pero la falta de coordinación entre naciones a menudo conduce a enfoques fragmentados y desiguales. Esto no solo perpetúa la falta de equidad en el trato a los migrantes, sino que también dificulta la implementación de medidas efectivas para abordar las causas subyacentes de la migración.

Las políticas restrictivas en algunos países también contribuyen a respuestas inadecuadas. La adopción de medidas que criminalizan la migración, en lugar de abordar sus causas profundas, conduce a situaciones en las que los migrantes son tratados como delincuentes en lugar de seres humanos en busca de un futuro mejor. Estas políticas solo intensifican los desafíos que enfrentan los migrantes, forzándolos a recurrir a rutas más peligrosas y a depender de redes ilegales.

Abordar las respuestas inadecuadas implica un cambio fundamental en la percepción pública y en la formulación de políticas. Es esencial reconocer la migración como un fenómeno complejo y multifacético que requiere soluciones holísticas y basadas en la cooperación. Solo a través de respuestas adecuadas y humanitarias podemos aspirar a construir un mundo donde la migración no sea un camino lleno de peligros y desafíos, sino una oportunidad para el crecimiento y la contribución mutua.

En el camino de la migración, las respuestas inadecuadas a menudo amplifican las dificultades que enfrentan aquellos que buscan un refugio y una oportunidad en tierras extranjeras. La falta de sistemas efectivos y coordinados para abordar la migración deja a los migrantes en una posición de vulnerabilidad, donde enfrentan desafíos que van más allá de los rigores naturales del viaje.

La insuficiente cooperación internacional agrega un nivel adicional de complejidad a este escenario. La migración, al ser un fenómeno que trasciende las fronteras nacionales, exige una colaboración global para abordar las causas fundamentales y garantizar un trato justo y humano. La ausencia de esta colaboración no solo debilita la capacidad de abordar las complejidades de la migración, sino que también deja a los migrantes a merced de políticas descoordinadas y a menudo discriminatorias.

Las políticas restrictivas, en lugar de abordar las raíces del problema, contribuyen a una espiral de respuestas ineficaces. Criminalizar la migración no solo ignora las causas subyacentes de la movilidad humana, sino que también crea barreras adicionales para aquellos que buscan un entorno más seguro. Esto, en última instancia, empuja a los migrantes hacia rutas más peligrosas y a la dependencia de actores ilegales, exacerbando la precariedad de su situación.

La urgencia de cambiar estas respuestas inadecuadas no solo radica en la mejora de las condiciones de los migrantes, sino en la construcción de una sociedad más compasiva y justa. Necesitamos políticas y enfoques que reconozcan la migración como un fenómeno humano complejo y que busquen soluciones que aborden las raíces de los desplazamientos y proporcionen rutas seguras y legales para aquellos que buscan una vida mejor.

En última instancia, al enfrentar las respuestas inadecuadas, estamos llamados a imaginar y construir un mundo donde la migración no sea un motivo de sufrimiento y marginación, sino una expresión de la diversidad y la riqueza de la experiencia humana. Este cambio de paradigma requiere un compromiso colectivo para superar los prejuicios arraigados y trabajar hacia una visión más inclusiva y equitativa de la migración como un catalizador para el enriquecimiento mutuo y la construcción de comunidades fuertes y cohesionadas.

El desafío de la migración se ve agravado por respuestas inadecuadas que, en lugar de aliviar las penurias de los migrantes, contribuyen a una narrativa de sufrimiento y marginación. Abordar este fenómeno global implica reconsiderar nuestras estrategias y adoptar enfoques más humanos y efectivos que reconozcan la migración como un acto fundamentalmente humano y, en muchos casos, una respuesta a situaciones adversas.

La falta de sistemas eficientes y coordinados para gestionar la migración no solo crea dificultades logísticas, sino que también deja a los migrantes en una situación de precariedad y desamparo. Es imperativo implementar políticas y estructuras que no solo aborden las consecuencias inmediatas de la migración, sino que también se centren en las causas subyacentes, como la falta de oportunidades económicas y la inestabilidad política en los lugares de origen.

La cooperación internacional se erige como una pieza clave en el rompecabezas de respuestas más adecuadas. La migración es un fenómeno que trasciende las fronteras, y su abordaje requiere un esfuerzo colectivo y coordinado. La creación de mecanismos efectivos de colaboración puede ayudar a prevenir respuestas desiguales y garantizar un trato más equitativo y humano para todos los migrantes, independientemente de su origen.

Las políticas restrictivas solo sirven para profundizar las desigualdades y crear barreras adicionales para aquellos que buscan una vida mejor. Es necesario un cambio de enfoque, uno que aborde las razones fundamentales de la migración y que promueva la inclusión y la diversidad. Esto implica no solo modificar las políticas existentes, sino también cambiar la narrativa pública que rodea a la migración, reconociendo su contribución potencial al enriquecimiento cultural y económico de las sociedades receptoras.

En última instancia, superar las respuestas inadecuadas implica un acto de "reimaginación" colectiva y de compromiso con valores fundamentales de justicia y compasión. La migración, en su esencia, es un testimonio de la búsqueda universal de una vida mejor. Al adoptar respuestas más informadas y humanitarias, no solo abrazamos la diversidad humana, sino que también construimos un futuro donde la migración sea un catalizador para la coexistencia pacífica y la prosperidad compartida.

Conclusión:

En el tejido complejo de la migración, entre los destellos de esperanza y las sombras que la acompañan, emergen lecciones cruciales que nos instan a reflexionar y actuar. Detrás de cada estadística, cada relato y cada desafío asociado con la migración, encontramos la realidad inquebrantable de la humanidad en movimiento, una búsqueda incansable de una vida mejor que trasciende fronteras y desafía las limitaciones geográficas.

Reconocer las sombras de la migración, desde los desafíos físicos hasta las cicatrices psicológicas, nos exige una responsabilidad colectiva. La pérdida de vidas en rutas peligrosas, las fosas comunes que ocultan historias no contadas, la violencia y la explotación que sufren muchos migrantes son llamados de atención que no podemos ignorar. Sin embargo, también debemos recordar que en medio de estas sombras hay resiliencia, coraje y la búsqueda fundamental de dignidad y seguridad.

Las respuestas inadecuadas y las políticas restrictivas han demostrado ser insuficientes para abordar la complejidad de la migración. Es hora de desafiar prejuicios arraigados y adoptar enfoques más humanos, basados en la cooperación internacional y la comprensión profunda de las causas y consecuencias de la migración. Al hacerlo, no solo protegemos los derechos fundamentales de los migrantes, sino que también construimos una sociedad global más fuerte y cohesionada.

La migración, a pesar de sus sombras, también es portadora de esperanza y potencial. Cada migrante es un agente de cambio, contribuyendo a la diversidad cultural y al intercambio enriquecedor de experiencias. Al reconocer la migración como una fuerza positiva, podemos trabajar hacia la creación de políticas y prácticas que fomenten la inclusión y el respeto mutuo.

En última instancia, la historia de la migración es una invitación a la empatía, la solidaridad y la acción colectiva. Al enfrentar las sombras, no solo damos voz a los que buscan una vida mejor, sino que también definimos la naturaleza de nuestra humanidad compartida. La migración no es solo un fenómeno global; es un recordatorio de nuestra interconexión y nuestra capacidad de construir un mundo donde todos tengan la oportunidad de buscar un hogar, una vida plena y un futuro lleno de posibilidades.

En el cierre de este análisis de las sombras y luces de la migración, nos encontramos ante la ineludible verdad de que este fenómeno no es simplemente un episodio contemporáneo, sino una narrativa tejida a lo largo de la historia de la humanidad. La migración, en sus diversas formas, ha sido un motor constante de cambio, un testimonio de la tenacidad y aspiraciones humanas que han cruzado océanos, desiertos y fronteras desde tiempos inmemorables.

Al reflexionar sobre las sombras que acompañan la migración, recordamos que cada individuo que cruza fronteras lleva consigo una historia única, con sueños, luchas y la esperanza de un futuro mejor. Las fosas comunes, las experiencias traumáticas y los desafíos psicológicos son recordatorios dolorosos de que, aunque hemos avanzado como sociedad, aún queda mucho por hacer para garantizar un trato humano y justo a aquellos que buscan refugio y oportunidades.

Las respuestas inadecuadas y las políticas restrictivas, si bien han caracterizado períodos específicos, no deben ser aceptadas como inevitables. Nos instan a reevaluar y reformular nuestras estrategias, reconociendo la migración como un fenómeno arraigado en la experiencia humana y merecedor de respuestas acordes con nuestra evolución moral y social.

En este viaje colectivo, la migración no debería ser considerada como una situación de moda o una crisis temporal. Es, en cambio, un flujo constante que ha moldeado y continuará dando forma a nuestras sociedades. La migración es un recordatorio de nuestra capacidad para adaptarnos, aprender y crecer como comunidades interconectadas.

En última instancia, nuestra reflexión sobre la migración no debe limitarse a mitigar sus sombras, sino a reconocer su perpetuidad en la historia humana. En lugar de cerrar las puertas, construyamos puentes de comprensión y solidaridad. Al hacerlo, no solo honramos el inquebrantable espíritu humano, sino que también allanamos el camino hacia un futuro donde la migración, lejos de ser una fuente de sombras, sea una fuente de luz, inspiración y enriquecimiento compartido. La migración no es solo una parte de nuestra historia; es un elemento vital de nuestro constante viaje hacia un mundo más compasivo y equitativo.

Migración Controlada:
Brindando Oportunidades y Salvaguardando Vidas

La migración controlada emerge como un enfoque vital y humano para abordar las aspiraciones de aquellos que buscan oportunidades más allá de las fronteras de sus países. En particular, en el contexto de Latinoamérica, es imperativo reconocer la importancia de facilitar un sistema que permita a los ciudadanos aplicar a permisos legales de manera accesible y segura, evitando así los peligros y riesgos asociados con la migración irregular.

La posibilidad de una migración controlada ofrece una vía estructurada y legal para aquellos que buscan mejorar sus condiciones de vida. Al facilitar este proceso, se fomenta la transparencia y se brinda a los migrantes la oportunidad de contribuir de manera significativa en sus destinos, ya sea a través del trabajo, la educación o la inversión en las comunidades receptoras.

En el caso específico de Latinoamérica, donde factores económicos, políticos y sociales a menudo impulsan a los ciudadanos a buscar oportunidades en el extranjero, la migración controlada se presenta como una alternativa viable. Al ofrecer vías legales y claras, se desincentiva la migración irregular, reduciendo así los riesgos asociados con travesías peligrosas y la explotación a manos de traficantes de personas.

Además, un enfoque de migración controlada permite a los países receptores planificar y gestionar de manera más efectiva el flujo migratorio. Esto facilita la integración de nuevos miembros en la sociedad, promoviendo la diversidad y enriqueciendo las comunidades de acogida con diversas perspectivas y contribuciones.

La creación de programas de migración controlada también tiene el potencial de fortalecer la cooperación internacional. Al establecer mecanismos para la migración legal, se construyen puentes de entendimiento y colaboración entre países de origen y destino. Esto no solo beneficia a los migrantes, sino que también contribuye a un escenario global más armonioso y equitativo.

En conclusión, la migración controlada se erige como una solución inteligente y humanitaria para abordar los desafíos asociados con los movimientos poblacionales. Para los ciudadanos de Latinoamérica, esto significa no solo la posibilidad de realizar sus aspiraciones de manera segura, sino también contribuir de manera positiva tanto a sus países de origen como a las naciones de destino. Al priorizar esta perspectiva, podemos construir un camino hacia un futuro donde la migración sea una fuerza constructiva que beneficie a individuos y sociedades por igual.

En el horizonte de la migración controlada, se vislumbra un futuro donde los ciudadanos de Latinoamérica pueden buscar oportunidades de manera legal, segura y estructurada. Este enfoque no solo resguarda vidas al evitar la peligrosa migración irregular, sino que también ofrece un escenario propicio para el crecimiento individual y colectivo.

En este contexto, la contribución de organizaciones como el Grupo de Monitoreo Independiente de El Salvador (GMIES) se destaca como un faro de esperanza y apoyo para los migrantes en Centroamérica.

En este contexto, no solo se aborda las complejidades logísticas de la migración controlada, sino que también se embarca en una misión más amplia: empoderar a las comunidades mediante la educación y la promoción de la migración segura y legal. Al facilitar el acceso a información crucial y alentar una migración estructurada, para que los ciudadanos de Centroamérica busquen oportunidades de manera consciente y segura.

Además, contribuye a la construcción de puentes entre países de origen y destino, fomentando la colaboración y el entendimiento mutuo. Esta conexión entre naciones no solo beneficia a los migrantes y sus comunidades de origen, sino que también enriquece a las sociedades de acogida al aprovechar las diversas habilidades y perspectivas que los migrantes aportan.

En última instancia, no solo representa un camino pragmático hacia una mejor calidad de vida, sino también un testimonio de la capacidad de las comunidades para colaborar y prosperar juntas. Este enfoque integral reconoce la migración como una fuerza positiva y constructiva, creando un futuro donde las oportunidades se extienden más allá de las fronteras y donde la colaboración internacional se convierte en la piedra angular de un mundo más equitativo y compasivo. Así, la migración controlada no solo ofrece oportunidades individuales; representa un paso hacia adelante para la humanidad en su conjunto.

Y al final, uno quiere estar donde el otro está…desconociendo el salado de sus tristes lágrimas.

www.ingramcontent.com/pod-product-compliance
Lightning Source LLC
Chambersburg PA
CBHW070134100426
42744CB00009B/1830